JN029553

新版

単語のつなげ方が見える
150字解説
合格英文
120

中尾憲吾 著
入試総合研究所 編

ごま書房新社

■まえがき

受験生諸君へ

「単語の意味は分かるけどつなげ方が分からない」

　本格的に長文読解の勉強を始めた受験生からよく耳にする言葉ですが、この疑問は、半分は正しく半分は間違っています。まず、これまで自力で英文を読んでこなかった（あるいは授業でもらう訳に頼っていた）受験生としては、「つなげ方」を習っていないのだから英文が読めないのは仕方ないと思うでしょう。一見正しいように思えます。

　しかし、「つなげ方」という捉え方は変えるべきだと私は考えます。本当は英文を読むというのは「単語の意味をつなげる」のではなく「文法のルールに従って読む」ことを指します。ですから、「つなげ方が分からない」のは「英文のルールを知らない（または使えていない）」という状態を指します。

　本書を手に取った受験生の中には受験まで一年を切っているという方もいるかもしれません。また、長文の学習で何から手を付ければよいかが分からないという方もいるでしょう。そこで本書では、

　①「これだけは絶対に知らないと英文を読めない」文法規則を身につける

　②「これを知っておくと読解が格段にスムーズに読める」構文を捉えられるようにする

3

この２つの基礎レベルを定着させ、合格につなげる目的で編集しました。したがって、各例文は基礎的な語彙で構成するようにしています。また、単に英文と意味を羅列するのではなく、解説は実際の授業をイメージしました。講師からの問いかけに答えようとする中で文法的な思考力が身に付くように設計しています。

　本書で英文読解の基礎を確立し、合格への第一歩としてください。

本書の使い方

第一章：超重要文法20

①まずは各例文を自力で訳し、付随する問いに答えます。辞書を使ってもオーケーです。各例文に指示がある場合はそれに従ってください。
②解説をよく読みます。このとき「何となくの訳」があっているかどうかではなく、「自分の訳が文法ルールに従っているか」「（　　）の括りはあっているか」を分析する視点でチェックしましょう。
③解説と訳が理解できたら例文を音読します。このとき重要なのは、自分の出せる最高速で音読することです。最高速で音読しても英文の構造や意味が思い浮かぶまで繰り返してください。この作業

を続けることで、英語の読解力は飛躍的に向上します。

第二章：超重要構文100

①まずは各例文に目を通し、付随する問いに答えましょう。初見で分からなければとばしても構いません。

②例文を訳します。まずは自分で紙にペンで書くのが大事です。「なんとなく」訳せた感じで過ごしていると、意味があやふやになってしまいます。

③解説をよく読みましょう。解説はなるべく簡潔に書いてあります。第一章の文法解説なども参照してください。

④第一章の学習と同様に音読を続けましょう。

中尾 憲吾
入試総合研究所

◆ 目次 ◆

新版 合格英文120

超重要文法
20

（例文）

**The number of people in this city is
increasing.**

①前置詞+名詞を （　　） でくくる。

②主語と述語動詞に下線を引く。

解説

①**The number** (of people) (in this city) **is increasing.**

of や in など、名詞の前につけて他の単語との関係を示す品詞を前置詞といいます。前置詞は単独では用いず、必ず名詞と一つのカタマリになります。このカタマリは多くの場合「右から左」の語句を修飾しますから、この例文だと「この町の人々の数」という順に訳します。

②前置詞のついている名詞は主語になれません。

したがって、

The number (of people) (in this city)
（主語＝S）

is increasing .
（述語動詞＝V）

という構造になります。

訳例

「この街の人の数は増えている」

（「この街は人の数が増えている」でもよいですが、なるべく直訳しましょう）

② 「前置詞なし」の名詞を主語と疑う！

（例文）

On the hill stood a house at that time.

①前置詞+名詞を（　）でくくる。

②主語と述語動詞に下線を引く。

解説

① (On the hill) stood a house (at that time).

On the hill は前置詞＋名詞なので主語ではありません。文頭に前置詞＋名詞がある場合そのカタマリは文全体を修飾するので先に訳します。

② (On the hill) <u>stood</u> <u>a house</u> (at that time).
                (S)   (V)

stood は動詞の過去形なので stood が述語動詞です。a house が「前置詞なし」で最初に出てきた名詞なので文全体の主語となります。

訳例

「丘の上に、当時家が建っていた」

（例文）────────────────────

In the country he visited people spoke English.

①前置詞 ＋ 名詞を （　　）でくくる。

②主語と動詞に下線を引く。

（解説）

① (In the country) he visited people spoke English.

文頭が前置詞＋名詞の場合、このカタマリは文全体を修飾するので先に訳します。

② (In the country) he visited people
                    (S?) (V?)   (S?)

spoke English.
(V?)

困りました。ＳとＶが2つずつあります。英語では、一つの文にＳとＶは1つずつというルールがあるのに、それが破られています。実は英語では、Ｓ＋Ｖが2つ以上ある際は①接続詞②関係代名詞③間接疑問文のいずれかが使われています。

しかし、上記の文ではいずれも見当たりません。このような場合は「関係代名詞の省略」を疑いましょう。つまり、例文は以下の構造になっているのです。

(In the country) [(which) he visited]
                               (S') (V')

people spoke English.
(S)   (V)

関係代名詞のカタマリは直前の名詞を修飾しますから「彼が訪れた国」となります。

「彼が訪れた人々」とか「彼は人々を訪ねた」と訳してはダメ！

（訳例）

「彼が訪れた国では人々は英語を話していた」

④ Ving は3つの可能性を疑う！

The boy standing in front of the building was waiting for his friend.

①standingは動名詞・現在分詞・進行形の一部のどれか。

②waitingは動名詞・現在分詞・進行形の一部のどれか。

解説

①Ving の区別について整理します。

- 動名詞（〜すること）
  → 名詞として扱う（Ｓ・Ｏ・Ｃ になる）
- 現在分詞（〜している）
  → 形容詞として名詞を修飾する（名詞の隣に置く）
- 進行形（〜しているところだ）
  → be 動詞＋Ving で文全体の Ｖ となる（Ｓ の後に置く）

standing が名詞の直後にありますから、現在分詞の可能性を疑います。すると、「建物の前に立っている少年」という名詞のカタマリが出来ます。名詞を2つ重ねることはできませんから動名詞でもなく、be 動詞もないので進行形でもありません。したがって、この standing は現在分詞であると分かります。

②逆に waiting は直前に be 動詞があります。もちろん動名詞「待つこと」の可能性もありますが、「少年は待つことだった」は意味が通りませんから、進行形であるとわかります。

訳例

「建物の前に立っている少年は彼の友人を待っているところだった」

(例文)

A man called John called her.

① 1 つめの called は過去形・過去分詞・受動態の一部のどれか。

② 2 つめの called は過去形・過去分詞・受動態の一部のどれか。

解説

① ed の区別について整理します。

- 過去形（～した）

  → 文全体の V となる（S の後に置く）

- 過去分詞（～された）

  → 形容詞として名詞を修飾する　（名詞の隣に置く）

- 受動態・完了形

  → be 動詞＋Vp.p.・have＋Vp.p. で文全体の V となる

過去分詞は be 動詞や have と共に使うと V になりますが、過去分詞単体だと名詞を修飾する機能を持ちます。1つめの called が 過去形だとすると「男がジョンを呼んだ」の後が続きませんから、この called は過去分詞と考えます。すると、「ジョンと呼ばれる男」＝「ジョンという名の男」となります。

②1つめの called が過去分詞なので、この時点で文全体の V がまだ出てきていません。英文には必ず V が必要ですから、2つめの called は文全体の Vとなれる過去形となります。

訳例

「ジョンと呼ばれる男が彼女を呼んだ」

（ジョンという男が彼女に電話した）

⑥ 形容詞と副詞は区別する！

（例文）────────────────

He found the book easy.

① easy は形容詞？副詞？

② この場合 find はどういう意味？

解説

① easy は「簡単な・易しい」という意味の形容詞です。英語では、形容詞 ＝「名詞を修飾する」・副詞 ＝「名詞以外を修飾する」という分類をします。これを「簡単に」と訳してはいけません。「簡単に ＝ easily」は名詞以外を修飾しますから副詞と判断します。

② V ＋ O ＋形容詞（C）と並ぶ時、find は「O が C だと分かる・気づく」と訳します。「見つける」ではありません。このように S ＋ V ＋ O ＋ C の形を第五文型と呼び、「S は O が（を）C と V する」と訳します。この形をとる代表的な動詞には、他に make・name・call・keep・leave 等があります。

訳例

「彼はその本が簡単だと分かった」

（「彼はその本を簡単に見つけた」だったら
He found the book easi<u>ly</u>.となる）

(例文)

She was an American woman famous as a good basketball player.

famous 以下のカタマリは文中でどのような役割をしているか。

解説

⑤の例文では、Ｖ＋Ｏ＋形容詞（Ｃ）の形で第五文型をとりました。しかし、第五文型をとる動詞は⑤の解説に挙げたような特定の動詞に限られます。第五文型をとらない動詞の場合、Ｖ＋Ｏ＋形容詞の語順になっていたら、下のように形容詞のカタマリが直前の Ｏ を修飾しています。famous as ～「～として有名な」が隠れているのです。

She was an American woman
[famous (as a good basketball player)].

つまり、Ｖ＋Ｏ＋形容詞の語順を見たら①第五文型「Ｏ が（を）Ｃ と Ｖ する」②直前の名詞の修飾の2通りを疑いましょう。

訳例

「彼女はバスケットボールの名選手として有名なアメリカ人女性だった」

⑧ and、but、or を見たら同じ形を探す！

例文

The woman looked tall and beautiful and was kind to us.

①1つめの and は何と何をつないでいるか。

②2つめの and は何と何をつないでいるか。

解説

①and、but、or は等位接続詞と呼ばれる品詞で、「同じ品詞・同じ形をつなぐ」という性質があります。何と何をつないでいるかは等位接続詞の直後を見てから、前の方へ同じ品詞を探します。この文では、1つめの and の直後が beautiful ですから、形容詞と形容詞をつなぎます。つまり tall と beautiful をつないでいるのです。

②2つめの and の直後は was という動詞の過去形になっています。したがって、and は動詞の過去形どうしをつなぎますから、looked ～のカタマリと was ～のカタマリをつないでいます。以上を図解すると次のようになります。

The woman [looked <u>tall</u> | and | <u>beautiful</u>] | and |
[was kind to us].

訳例

「その女性は背が高く美しく見え、私達に親切だった」

（例文）

**The news that he told me yesterday
was shocking to me.**

that のカタマリ（節）を ［　］ でくくる。

解説

that は関係代名詞や接続詞など、さまざまな使い方のある単語です。しかし、いずれの場合も S + V を含むカタマリ（節）をつくります。この節の内部は S と V は一つずつというルールがありますから、that 節の範囲に迷ったら基本的に「2つめの V の手前まで」と考えるとうまくいく場合が多いです。

The news [that he told me yesterday] was shocking
   S   S'   V'   V

to me.

これは他の接続詞・関係代名詞でも同じことが言えます。ですから、接続詞や関係詞を見たら [　] でくくることを意識しましょう。

訳例

「昨日彼が私に伝えてきたニュースは私にとって衝撃的なものだった」

例文

The teacher was sitting on his chair, reading his students' paper.

「 , 」で区切り左から右に訳す。

(解説)

The teacher was sitting on his chair, / reading his students' paper.

一文が長くなると頭の中で文の内容をまとめるのが難しくなります。そこで、一文内に「,」が出てきたら一旦そこで区切り、読むのを止めましょう。「,」までの内容を確認してから「,」以降の内容を読み進めるイメージです。

(訳例)

「その先生は椅子に座っていた。そして学生のレポートを読んでいた」

(paper は「紙」以外にも「書類」「レポート」という意味があります)

例文

The population of India is much larger than that of Japan.

① that は何を指すか。

②比べられているものどうしを[　]でくくる。

解説

①何かと何かを「比較」する際、その比較対象は「同じ種類の語句」でないと成り立ちません。たとえば「リンゴとミカン」は同じ名詞なので比較ができますが、「英語と可愛い」は品詞が異なるので比べることはできません。この文では「インドの人口と日本の人口」を比較するわけですから、that は population を表す代名詞となっています。that がなく Japan だけにすると「インドの人口と日本という国」を比較することになるのです。

②①の内容を図解すると次のようになります。

[The population of India] is much larger than [that (= the population) of Japan].

このように、比較対象は形をそろえることが一般的です。
今回は population の代わりなので that でしたが、these books のように複数形になれば次のように that も those となります。

例えば、These books of English are more difficult than those of Japanese. という形です。

訳例

「インド人口は日本（の人口）よりかなり多い」

（例文）

He looks wise, but actually he is not.

① not 以下の省略を補う。

解説

① is not の後ですから、名詞か形容詞が省略されています。
さらに、but の前を見ると「主語（ S ）＋ 動詞（ V ）＋
形容詞（ C ）」です。したがって、but は同じ形をつなぎ
ますから、he is not の後も形容詞が省略されていると確定
できます。この場合は形容詞が wise のみですから、元は
actually he is not wise となるわけです。

このように、英文では前文と重複する語句を代名詞に変え
たり省略することが多々あります。今回は平易な文ですか
らすぐに分かったと思いますが、このように「省略＝直前
の同じ形・語句を探す」ことが、長文読解では肝要です。

訳例

「彼は賢そうに見えるが、実際はそうではない（賢くない）」

(例文)

The weather was so fine when I got up that I felt like swimming in the river.

①何の構文が使われているか。

解説

もちろん so ～ that …「とても～なので…」が使われていま
す。表題の通りですが、文中に so があったら that を探しま
しょう。今回は so と that の間にいくつか語句がありますが、
so ～ that …の形や訳は崩れません。このように長い一文に
なると熟語・構文に気づきにくくなりますが、一文が長いとき
は熟語・構文を初めに疑うと文の仕組みが見えやすくなります。
同様に、not（only）を見たら but を探したり、such があっ
たら as を探したりしましょう。念のため文の構造を以下に記
します。

The weather was so fine [when I got up]
[that I felt like swimming in the river].

when の節は直前の The weather was so fine の節を修飾
しています。

訳例

「起きた時に天気がとてもよかったので、川で泳ぎたくなった」

例文

The students saw a lot of sheep.
They were eating grass.

①theyは何を指すか。

②①を判断する根拠はどこか。

解説

① they を「彼ら」と訳すと「学生たちが草を食べていた」となってしまいます。したがって、この they は「学生たち」ではなく「たくさんの羊」と考えるべきです。このように、they を見たら「直前の名詞の複数（形）」を探します。そのうえで、複数候補がある場合は they の部分に候補の名詞を一つずつ当てはめて考えましょう。

② 今回の判断の根拠は "were eating grass" の部分でした。ここから分かることは、代名詞が指す語句を特定する際は一文全体を見る必要があるということです。これは次の⑮でも説明をします。

訳例

「(その) 学生たちは多数の羊を見た。羊たちは草を食べていた」

⑮ 代名詞は文全体で判断する！

He said bad words to her. It made her
sad and angry.

① It は何を指すか。

②①を判断した根拠は何か。

解説

① it を含む一文を読むと「それが彼女を悲しくさせ、怒らせた」とあります。だからといって it が bad words と判断してはいけません。it は単数名詞の代わりですから、複数形の bad words を指すことはありません。しかし前文には単数名詞もありませんから、他の可能性を考える必要があります。ここで it は前文の内容全体を指すというはたらきがありますから、「彼が彼女にひどい言葉を言った」ことが it の内容となります。

② 今回の判断の根拠は「 it が単数名詞や前文の内容を表す」という知識でした。it を「それ」と訳してから考えるのではなく、まず「単数名詞を探す」という意識から始めると、スムーズに内容を特定することができます。

訳例

「彼は彼女にひどい言葉を言った。そのことが彼女を悲しませ、怒らせた」

（例文）

It is natural for parents who have children to take care of them.

① It は何を指すか。

② 文全体の主語は何か。

解説

①前に文がないので、もちろん it は「それ」ではありません。また、内容から考えても時間や天候などを表しているわけでもありません。このように文頭に It がある場合は、その It は形式主語（訳さない）で to 〜や that 〜のカタマリを指すことが多いです。この場合は以下のような構造になっています。

It is natural for parents (who have children)
[to take care of them].

who 以下の関係代名詞のカタマリは直前の parents を修飾しています。

② It は to 以下の代わりとして形式的に主語となっています。逆に言えば、本来主語の位置にくるのは to 以下のカタマリのはずです。ですから、この文の主語は to take care of them となります。⑮と一緒にまとめると、it を見たら to/that 以下⇒単数名詞の代わり⇒前文全体の内容の順で疑いましょう。

訳例

「子どもを持つ親がその世話をするのは当然だ」

（例文）────────────────────

We heard a woman on the bus talk on the phone.

① talk は原形・現在形のどちらか。

② 「私達はバスに乗っている女性が電話で話して
　いるのを聞いた」という訳は正しいか。

解説

① hear や see のような五官に関係する動詞を知覚動詞といい
  ます。知覚動詞の後なので talk は現在形ではなく原形とな
  ります。詳細は構文 chapter1 の2・3を参照してください。

② 知覚動詞を使った文の訳は、○ の後の動詞の形により異な
  ります。
  ● 知覚動詞 + ○ + V 原
    「○ が V するのを〜する」
    （一部始終を知覚した）
  ● 知覚動詞 + ○ + Ving
    「○ が V しているのを〜する」
    （動作の瞬間を知覚した）
  ● 知覚動詞 + ○ + Vp.p.
    「○ が Vp.p. されるのを〜する」
    （受け身的に訳す）
  したがって、例文では talk が原形なので「話している」と
  訳すのは不正解です。

訳例

「私達はバスに乗っている女性が電話で話すのを聞いた」

（話し終わるまで聞いた）

（例文）

Andrew Henderson, a famous soccer player, entered the building.

①この文の登場人物は何人いるか。

解説

①「名詞，名詞」と名詞が並び and でつながれていない場合、カンマの前後の名詞はイコールの関係（同格）にあります。したがって、例文での登場人物は1人です。この場合「〜という」や「〜である」と訳すとうまくいくことが多いです。

訳例

「アンドリュー・ヘンダーソンという有名なサッカー選手がその建物に入った」

（例文）

The education system in Japan is far from perfect.

①文全体の主語はどれか。

②この文の筆者は日本の教育に対して肯定的か、
　否定的か。

解説

① in Japan の前置詞句は主語になれないので、冒頭の The education system が主語です。決して「日本」が主語と捉えないようように注意しましょう。

② far from ～の直訳は「～から遠い」です。ここから「完璧からほど遠い」＝「完璧ではない」と、筆者は日本の教育システムに対して否定的な意見を持っていると分かります。このように、not や no がなくとも否定を表す表現は、代表的なものを覚えましょう。詳細は第2章 Chapter7 を確認してください。

訳例

「日本の教育体制は完璧からは程遠い」

例文

There was a (   ) between his idea and mine.

①空欄に入るのは different / difference / differ / differently のどれか。

解説

①意味だけで考えると、選択肢の語は全て「異なる・違う」に近い意味です。しかし、全て品詞が異なります。左から形容詞「異なっている」・名詞「違い・差異」・動詞「異なる・さまざまある」・副詞「異なって・違って」となっています。これらを「ほとんど同じ」と捉えてしまうと、どれも入れられそうです。

しかし、この問題を解くカギは空欄直前の"a"です。冠詞"a"の直後が空欄ということは、空欄には名詞が入らなければいけません。したがって、「意味」よりも先に「品詞」で考えれば答えは名詞の difference だと分かります。

このように、空欄補充は「意味」よりも「品詞・形」を優先的に考えましょう。また、この問題であれば A be different from B = There is a difference between A and B という構文の書き換えを覚えていれば一瞬で解くことができました。つまり、解答時は「熟語・構文を当てはめる」→「品詞・形を判断する」→「意味を考える」という順番で取り組むとスムーズに解くことができます。

訳例

「彼の考えと私の考えの間には違いがある」

（彼の考えと私の考えは違う）

第 2 章

超重要構文
100

動詞・助動詞・文型に関する構文

例文

1 The soup went bad.

①ここでの went はどういう意味か。

解説

①もちろん「行く」ではありません。注目すべき点は<u>動詞の直後が bad という形容詞になっている</u>ということです。つまり S + V + C の第二文型となっています。第二文型は基本的に「S は C である」「S は C の状態になる」を表します。したがって、この場合 went（go）は「～になる」という意味になります。このように、<u>動詞の意味は文型によって変わります</u>。

訳例

「そのスープはダメになった（腐った）」

例文

2 His statement made the situation more serious.

① この make の意味は何か。

② more serious は the situation を修飾しているか。

解説

①重要文法⑥で見た通り、「名詞＋形容詞」を見たら第5文型を疑いましょう。もちろんこの場合は make ＋ Ｏ ＋ Ｃ なので「 Ｏ を Ｃ の状態にする」という意味です。

②「 Ｏ が形容詞の状態である」というのと、「形容詞の状態である Ｏ 」は別物と考えます。したがって、more serious は the situation を修飾していません。「 Ｏ ＝ Ｃ 」の関係であり、主語・述語の関係に近いわけです。

訳例

「彼の発言は状況をいっそう深刻にした」

例文

3 I saw a dog running **along the road.**

① seeは「○○動詞」である。

② running は動名詞・進行形・現在分詞のどれか。

解説

① see、hear、feel 等の五官に関係する意味を持つ動詞を知
覚動詞といいます。これらは「知覚 V ＋ O ＋ 原形／現在分
詞／過去分詞」の形をとり、「 O が〜する／している／さ
れるのを知覚 V する」と訳します。ポイントは「 O が」の
部分で、例文は「走っている犬」ではなく「犬が走ってい
る」と訳しましょう。

② running はもちろん現在分詞です。名詞は2つ重ねられな
いので動名詞ではなく、直前に be 動詞がないので進行形で
もないというわけです。

訳例

「私は犬が道に沿って走っているのを見た」

4 **The teacher** made the students stand up.

① make は「○○動詞」である。

② stand は原形・現在形のどちらか。

解説

① make・have・let は使役動詞という使い方があります。
「使役」は「〜させる」と言う意味で、「使役 V + O + V
原形」の形をとり、「 O に (を) 〜させる」と訳します。
2の知覚動詞と異なり、「 O に (を)」と訳することがポイン
トです。
また、make は「(強制的に) 〜させる」・have は「(依頼して)
〜してもらう」・ let は「〜させてあげる」というようにニュ
アンスが異なります。

② もちろん stand は「原形」です。第1章⑯のように、文中
に V + O + V と言う形があれば O の次の V は現在形で
はなく原形であることを疑いましょう。

訳例

「その先生は生徒たちを立たせた」

（例文）

5 He must have come here yesterday.
Here is his pen.

① 助動詞 + have + Vp.p. は「いつ」の話か。

② この場合 must の意味は何か。

解説

①助動詞 + have + Vp.p. は、助動詞が「現在の判断」で、have + Vp.p. が「過去」を表します。したがって、この文は「過去に起こったことを今推測している」ことになります。

②このように、助動詞 + have + Vp.p. の形をとる場合、助動詞は「推量」の意味で使います。ですから、must は「〜に違いない」という意味です。①と合わせると、must + have + Vp.p. で「〜だったに違いない」となります。
ちなみに、may + have + Vp.p. は「〜だったかもしれない」・cannot + have + Vp.p. は「〜だったはずがない」・should + have + Vp.p. は「〜すべきだった（のにしなかった）」を表します。

訳例

「彼は昨日ここに来たに違いない。ここに彼のペンがある」

（例文）————————————————————————

6 **My brother** has been reading **the novel since this morning.**

① has been readingはいつの時点の話をしているか。

解説

① have + been + Ving を分解すると、have + Vp.p.（現在完了）と be + 〜ing（進行形）を足した形で「現在完了進行形」となっています。現在完了が「過去の出来事が現在に関係している（この場合は過去から今までの継続）」、進行形が「〜している途中」を表しますから、この2つを足すと「（過去の時点から）ずっと〜しているところだ」となります。つまり、「過去のある時点に始めた動作が今まで続いていて、まだやっている途中」を表しています。

訳例

「私の兄（弟）は今朝からずっとその小説を読んでいる」

例文

7 **The store** has been closed **since last Monday.**

① has been closedの時制はいつか。

② 「先週の月曜から閉まっている」以外の訳を提示する。

(解説)

①もちろん現在完了なので「過去から現在までの継続」を表します。ポイントは has been closed という形で、has been が現在完了で been closed の部分で受動態を表します。

このように、完了形と進行形や受動態が併用されることがあります。

②has been closed が現在完了の受動態ですから、もとは「～される」です。したがって、「先週の月曜から閉められている」が直訳となります。読解や和訳の際は「閉まっている」で構いませんが、文法問題に挑む際は受動態であることを意識しましょう。

(訳例)

「その店は先週の月曜から閉まっている（閉められている）」

例文

8 **The train** had already left **when I got to the station.**

① 電車の出発と駅への到着はどちらが先か。

解説

① had ＋ Vp.p. は、「過去のある時点からさらに過去＝大過
去」や「大過去から過去までの継続・経験・完了」を表し
ます。いずれにしても「過去の時点よりもさらに過去」と
いうわけです。したがって、例文では「電車が出発した」
方が先となります。

訳例

「私が駅に到着したとき、既に電車は出発していた」

例文

9 Who was the window in the class room broken by?

① who を him にして肯定文に戻す。

② 同じ意味の文をもう一通り書く。

解説

①まずは元の文に戻します。

The window in the classroom was broken by him. と
できましたか？

in the classroom のカタマリは直前の語句を修飾するので、
the window とつなげます。

②次に、①でできた肯定文を一段階ずつ疑問文に直します。

The window in the classroom was broken by him.

→ <u>Was</u> the window in the classroom broken by him?

→ Was the window in the classroom broken by
<u>whom</u>?

ここで whom だけを文頭に出すと who に変わり、例文の
ようになります。また、by whom を前置詞＋名詞を1つの
カタマリとして前に出すと、<u>By whom</u> was the window
in the classroom broken? となります。

訳例

「教室の窓は誰によって割られたのですか」

（「誰が割ったか」でもよいのですが、直訳はできるようにし
ましょう）

❿ What is **this flower** called in English?

① what を tulip にして肯定文に戻す。

② 主語 you を補い能動態に戻す。

解説

① This flower is called tulip in English. (この花は英語で
チューリップと呼ばれる) が元の文です。ここでも一段階
ずつ疑問文にします。

This flower is called tulip in English.

→ <u>Is</u> this flower called tulip in English?

→ <u>What</u> is this flower called in English?

このように、受動態や比較などの文操作が必要な場合は、
<u>一段階ずつ途中式を書くつもりで変換するとスムーズに書</u>
き換えられます。

② さて、①では疑問文に直す過程を説明しましたが、今度は能
動態に戻します。受動態の文で by 〜がない場合は、元の主
語が we、they、you など「明示する必要のない主語」を
表す語句である場合です。you を補って一段階ずつ変えて
みます。

What is this flower called in English by you?

→ This flower <u>is</u> called <u>what</u> in English by you.

→ <u>You</u> call this flower what in English.

→ <u>Do</u> you call this flower what in English?

→ <u>What</u> do you call this flower in English?

これで完成です。

訳例

「この花は英語で何と呼ばれますか」

例文

11 Stars can be seen clearly from here.

① 主語 we を補い能動態に戻す。

解説

①受動態の文操作にも慣れてきたとは思いますが、念のため一段階ずつ操作します。

Stars can be seen clearly from here.

→ Stars can be seen clearly from here <u>by us</u>.

（ by us を補う）

→ <u>We</u> can see stars clearly from here.

（ by us を主語に戻す）

ここで大事なのは、助動詞 can です。助動詞は能動態・受動態に関係なく形はそのままで変わりません。したがって、受動態にするには can ＋be ＋ Vp.p. のように、助動詞の後で受動態を作る必要があります。この時、<u>助動詞の後は動詞の原形なので、be 動詞は原形の be に変えます</u>。意味も「〜されることができる（されうる）」となります。

訳例

「ここから星がハッキリと見える」

（直訳は「見られることができる」）

Chapter 2
無生物主語と代名詞に関する構文

（例文）

1 What caused **the accident?**

① 直訳する。

解説

① 「何が事故の原因ですか」と訳してはいけません。caused は ed がついていますから動詞「〜を引き起こす」です。動詞の前にある名詞は主語ですから、what が文全体の主語です。また、疑問詞が主語の場合、do や did を使わずに疑問詞 + 動詞で疑問文をつくります。したがって、この場合「何が〜を引き起こしたのか」と訳すのが正しいのです。

訳例

「何がその事故を引き起こしたのですか」

Chapter 2

例文

2 What made you think **so?**

① 直訳する。

解説

①直前の例文と同様に、made の前の what が主語になって
います。そして、今回は Chapter1 の4で見た例文と同様
に make + O + V 原となっていますから、この make
は「〜させる」と訳します。ここまでくれば訳は確定でき
ますが、注意点は空所補充で出題されるときです。入試で
は「なぜあなたそう考えたのですか」という訳で問われる
ことが多いですが、（　　）made you think so? と書かれ
た際に why を入れてはいけません。why を入れてムリヤ
リ訳すと「なぜがあなたにそう考えさせたのか」となりま
すし、そもそも why は名詞ではないので、主語の位置に
くることができません。

訳例

「何があなたにそう考えさせたのですか」

（直訳ができるうえで「なぜあなたはそう考えたのですか」
と書くのはOKです）

例文

3 Five minutes' walk **will take you to the museum.**

① take はどのような意味か。

② minutes' はどのような形か。

解説

① take は「連れていく・持って行く」という意味です。この場合、「5分間歩くことがあなたを博物館へ連れて行く」＝「5分歩けば博物館に着く」となっています。

② minute は「〜分」です。これが複数形になるとminutes となり、さらに複数形の所有格は〜 s' という形です。したがって、この minutes' は複数形の所有格という形です。所有格の後は名詞ですから、walk は「歩く」という動詞ではなく「歩行」という意味の名詞です。

訳例

「5分間の歩行があなたを博物館へ連れて行くでしょう」

（直訳ができるうえで「5分あるくと博物館に着くでしょう」と訳すとこなれた訳になります）

例文

4 Some **students likes dogs, and** others **cats.**

① others の後に省略されている語句は何か。

解説

① and は同じ品詞・形をつなぎます。この場合、some students と others (= other students)・dogs と cats が対応していますから、省略されているのは likes です。

また、この Some 〜 , others …という形は「〜な人もいれば …な人もいる」という意味で、対比を表すことができます。長文では Some 〜で始まる文を見たら others を探しましょう。あらかじめ対比をつかんでおくと読解が楽になります。

訳例

「犬が好きな生徒もいれば、猫が好きな生徒もいる」

例文

5 To know is one thing, and to teach is another.

① anotherの後に省略されている語句は何か。

② 「知っていること」と「教えること」の関係は何か。

解説

①そろそろ省略にも慣れてきたのではないでしょうか。もちろん thing が省略されています。another は形容詞としても代名詞としても使えます（ his に近いです）。つまり、another thing（別のこと）= another（別のもの）という関係です。

②直訳すると「知っていることは一つのことで、教えることはもう一つ別のことだ」となります。

「別」ということは「同じではない」と言っているわけですから、「知っているのと教えるのは別物だ」=「知っていることと教えることは違う」と訴えたいわけです。

このように、A is one thing, and B is another で「 A と B は別物だ（=違う）」と覚えましょう。

訳例

「知っていることと教えることは別のことだ」

例文

1 She seemed to be **happy to hear the news.**

① 彼女が「幸せそう」なのは今か過去か大過去か。

② 2つめの to の用法は何か。

解説

①まず seem to V 原は「V 原のように見える・V原らしい」
という様態・推測を表します。

そして、to + V 原の不定詞は基本的に「述語動詞（V）と
同じ時制」を表します。したがって、例文では V が過去形
ですから「幸せそう」なのは過去のこととなります。

②ここでは happy という「感情の形容詞」の直後に不定詞
がありますから、「感情の原因」を表す副詞的用法となりま
す。「そのニュースを聞いて」と訳しましょう。

訳例

「彼女はそのニュースを聞いて嬉しそうに見えた（嬉しそう
だった）」

（例文）

2 **She** seemed to have been **a teacher.**

① 彼女が「教師」なのは今か過去か大過去か。

解説

① 1の例文と不定詞の形が異なっています。to ＋have ＋ Vp.p. という形は「述語動詞よりさらに過去」を表します から、この場合 seemed という過去形からさらに過去を表 すので、to have been は大過去を表すことになります。 この場合、「むかし先生だったように、その時は思われた」 というイメージです。

訳例

「彼女は（以前）先生だったように思われた」

例文

3 The doctor advised me to stop smoking.

① stop smoking すべきなのは誰か。

解説

① advise + 人 + to + V 原は「人に V 原するよう忠告（助言）する」という意味です。ですから、もちろん stop smoking するのは「私」になります。このように、<u>to 不定詞の動作を行う名詞のことを「意味上の主語」と呼びます</u>。これは分詞や動名詞にも使われる概念で、長文読解の際は「この不定詞（動名詞・分詞）は誰の行為か」を特定することが大事です。

訳例

「（その）医師は私に喫煙を止めるように忠告（助言）した」

例文

4 I was waiting for the store to open.

① ここでの for は何を表すか。

解説

①3の英文で「意味上の主語」という概念を学びました。V ＋
O ＋ to V 原の形では O が不定詞に対する意味上の主語に
なりますが、それ以外の英文では for ＋ 名詞を不定詞の前
に置くことで意味上の主語を表すことが多いです。つまり、
この英文では「 open するのが店である」ことを表してい
ます。意味上の「主語」と呼ぶくらいですから、訳の上では
「が」をつけて訳すと理解がスムーズになります。

訳例

「私はその店が開くのを待っていた」

例文

5 I don't know which way to go.

① which way to go を5語で書き換える

解説

①疑問詞 + to + V 原は「(疑問詞の意味) 〜すべきか」という意味です。ここで「〜すべき」という意味を置き換えるためには助動詞 should を使います。もちろん助動詞を使うには主語が必要ですから、この場合 to go するのは「私」なので I を補う必要があります。つまり、疑問詞 + S' + V' (間接疑問文) で書き換えましょう。which way I should go となります。疑問詞に引きずられて should I go としないように!

訳例

「私はどちらの道を行けばいいのか分からなかった」

例文

6 He is proud of having been rich.

① 彼が rich であるのは今か過去か大過去か。

解説

①2で学習した to + have + Vp.p. のように、動名詞も
having + Vp.p. の形で「述語動詞よりも過去の時点」を表
すことができます。この例文の場合は述語動詞が現在形で
すから、rich であったのは「過去」のことだと分かります。

訳例

「彼は（以前）裕福であったことを誇りに思っている」

（例文）

7 She insisted on his paying the money.

① paying the money するのは誰か。

② on 以下のカタマリを、that を使い書き換える。

解説

① 3や4で学んだ「意味上の主語」は動名詞にもあります。動名詞はその字のごとく「名詞」扱いしますから、意味上の主語は名詞につける形＝所有格 ＋ Ving で表します（口語では目的格で表すこともあります）。したがって、例文の場合は「彼がお金を支払う」ことを表しています。

② 結論から書くと She insisted that he (should) pay the money. となります。insist や demandと言った「主張・提案・要求」を表す動詞がthat節を目的語にとる際は、that節内の V は (should ＋) 原形の形になるというルールです。したがって、時勢の一致や三単現を考える必要はありません。

訳例

「彼女は、彼がお金を払うということを主張した（払うべきだと主張した）」

(例文)

8 Would you mind my smoking **here?**

① smoking here するのは誰か。

②「いいですよ」と答えるには Yes か No か。

解説

①もうお分かりの通りで、意味上の主語が my ですから喫煙
するのは「私」です。

「私がタバコを吸う」ことに対して相手に許可を得ようと
しているわけです。

②mind はもともと「気にする・嫌がる」という意味です。
したがって、この疑問文に Yes で答えてしまうと「嫌です
か？― はい」となり、「ダメです」という意味になります。
ですから、「嫌ですか？― いいえ」＝「いいですよ」と考え
て No を選択します。答え方は色々ありますが、基本的に
Would you mind ～? で聞かれた際に「いいですよ」と
言いたいときは否定語が入る、ということがポイントです。

訳例

「ここでタバコを吸ってもよろしいでしょうか」

例文

9 **She was sitting** with her arms crossed.

① この文を2つに分けるとしたらどこで切るか。

② cross はなぜ crossing ではなく crossed にするのか。

解説

①この with は「付帯状況の with 」と呼ばれていて、with 以下の動作・状態のまま S が V しているという状況を表します。この場合であれば「腕を組んだまま座っていた」わけです。つまり、with 以下が1つのカタマリをつくっていますから、She was sitting で文が一旦切れていると考えます。

②腕を「組んでいる」から crossing と考えてはいけません。with ＋ 名詞 ＋ 状態の形を考える時は、この「名詞が○○な状態」なので、名詞に「が」をつけて考えます。もちろん「腕が組んでいる」ではなく「腕が（彼女の意志により）組まれている」ので、受動的な意味を表す crossed （ Vp.p. ）が使われているのです。

訳例

「彼女は腕を組んだまま（組んで）座っていた」

例文

10 He came here singing aloud.

① singing は動名詞・現在分詞・進行形の一部
のどれか。

② singing はどう訳すか。

解説

①singing はもちろん現在分詞です。名詞の入れる位置ではないので動名詞ではないですし、be 動詞がないので進行形ではありません。

②ポイントは singing の前後に名詞がないことです。名詞があればその現在分詞は名詞を修飾して「〜している名詞」と訳せますが、この場合はそれができません。ここでは here を挟んでいますが、came という自動詞の直後に来ています。自動詞 + 現在分詞の形の場合、この分詞は自動詞を修飾します。つまり、「〜しながら○○する」という訳になります。過去分詞であれば「〜されたまま○○する」といった感じです。

訳例

「彼は大声で歌いながらここに来た」

例文

11 The window being open, the room was cool.

① being は動名詞・現在分詞・進行形の一部のどれか。

解説

①being はもちろん現在分詞です。名詞を重ねることはできないので動名詞ではなく、be 動詞がないので進行形でもありません。このように分詞を含むカタマリと S + V の文がカンマを挟んでつながっているときは分詞構文を疑います。分詞構文とは接続詞 + S' + V' を短縮した形だと考えてください。元の文は以下のようになります。

As (Because) the window was open, the room was cool.

→ The window was open, the room was cool.
　（接続詞を消す）

→ The window being open, the room was cool.
　（ V' を分詞にする）

※今回は S' と S が別の名詞なので双方を残しています。

When he entered the room, he found no one there.
のように一致する場合は Entering the room, he found no one there. と S' を消します。

訳例

「窓が開いていたので、部屋は涼しかった。」

接続詞・節に関する構文

例文

1 The country I want to visit is not America but Italy.

① 筆者が行きたい国はアメリカとイタリアのどちらか。あるいは両方か。

解説

① not only A but (also) B「 A だけでなく B も」と区別することが必要です。not の後に only がありませんから、not A but B「 A ではなく B 」だと言っています。つまり話者は行きたい国が「アメリカではなくイタリアだ」と言っているのです。

訳例

「私が訪れたい国はアメリカではなくイタリアだ」

（例文）

2 Hurry up, or you will miss the last
train.

① 命令文の後に and と or を区別する基準は何か。

② 例文を if を用いて書き換える。

解説

①命令文, and …は「〜しなさい。そうすれば…だ」という意味で、命令文, or …は「〜しなさい。さもないと…だ」を表します。訳でも判断はつきますが、一般的に「そうすれば」ということはその後にプラスの内容がきて、「さもないと」といえばマイナスの内容がきます。

このように、<u>直後の内容のプラスマイナスから判断する</u>というのも一つの基準です。

②「もし急がなかったら電車を逃す」という意味にするわけですから、if 節内に否定語が必要です。また、日本語と異なり英語は常に主語を明示する必要がありますから、書かれていなくとも下の英文のように主語 you を補いましょう。

If you don't hurry up, you will miss the last train.

訳例

「急ぎなさい。さもないと最終電車を逃しますよ」

例文

3 The fact is that **she told me a lie.**

① 「事実は、彼女が私に嘘をついたということだ」
   以外で訳す。

解説

①もちろん直訳でも間違いではありませんが、「事実は～だ」
と若干もったいぶった言い方をしていますから、The fact
is that ～は「実は～だ」と訳すと原文のニュアンスを表現
できるうえに読解もスムーズです。他にも Chances are
that ～「～の可能性がある」のような表現があります。

訳例

「実は、彼女は私に嘘をついたんだ」

例文

4 The news that he died made me so
   sad.

① that は関係代名詞・接続詞のどちらか。

解説

①一見「彼が死んだニュース」のように news を修飾してい
るので関係代名詞のように見えます。しかし、関係代名詞は
もともと２つの文を１つにつなぐ際に直前の名詞 (＝先行詞)
の代わりとして使われます。したがって、その元の名詞を関
係詞節の中に戻せないといけません。しかし、He died the
news. という文は成り立ちませんから、この that は関係
代名詞ではないと分かります。すると接続詞ということにな
りますが、これは「同格」と呼ばれる使い方で、「～という」
の訳で直前の名詞の内容を説明します。

訳例

「彼が亡くなったという知らせが私をとても悲しくさせた」

例文

5 I finished writing the report by the time my teacher called me.

① by the timeをtill(until)に置き換えることは可能か。

解説

①もともと by は「〜までに」という「期限」、tillは「〜まで
（ずっと）」という「継続」を表します。

したがって by the time + S' + V' は「 S' が V' する時ま
でに」という「期限」を表しますから、tillで書き換えるこ
とが不可能です。

訳例

「先生が私を呼ぶ時までには、私はレポートを書き終えた」

例文

6 Even if it rains tomorrow, I'll go to the movies.

① even if の意味は何か。

② if 節内が現在形なのはなぜか。

解説

① if には「もし〜なら」と「たとえ〜だとしても」の2つの意味があります。ところが if 単体で使うとどちらの意味か不明確になる場合があるので、even if という形で後者の意味であるということを明確にしています。例文では「雨が降っても映画を観に行く」と言っているわけです。

②これは「時・条件を表す副詞節の中では未来のことも現在形で表す」というルールに基づいています。このルールの前半を分解すると「時・条件」＝「時間を表す接続詞や if を使う場合」・「副詞節」＝「動詞を修飾する接続詞 ＋ S' ＋ V'」となります。後者は「明日雨が降っても」というカタマリが「観に行く」という動詞を修飾していますから、このルールが適用されています。

訳例

「たとえ明日雨が降っても、私は映画を観に行く（つもりだ）」

(例文)

7 I don't know if she will come here
tomorrow.

① if の意味は何か。

② if 節内が現在形にならないのはなぜか。

解説

①ポイントは if 節の位置です。例文では know という他動詞（＝直後に名詞が必要な動詞）の直後に来ています。ということは if 節は名詞として使う名詞節です。if は名詞節だと「〜かどうか」という間接疑問文を導く接続詞となります。

②6で学んだルールは「時・条件を表す副詞節の中では」未来のことも現在形で表すというものでした。しかし例文の if 節は①で述べたように名詞節です。したがって、6のルールは適用されず未来のことは will を使い未来の文で書けるわけです。

訳例

「私は彼女が明日ここに来るかどうか知らない（分からない）」

8 I don't know whether I will succeed or not.

① whether の意味は何か。また、判断の根拠は何か。

解説

①7と同じ考え方でいくと、whether 節は knowという他動詞の直後にあるので名詞節です。名詞節の whether は if とほぼ同様に「～かどうか」という意味となります。最後の or not はなくともほぼ同じ意味を表します。

訳例

「私は自分が成功するかどうか分からない」

例文

9 Whether I succeed or not, I will try my best.

① whether の意味は何か。また、判断の根拠は何か。

(解説)

① 8とは異なり、今度は whether 節が名詞の位置にありません。whether は他には副詞節を導き「〜であろうとなかろうと」という譲歩の意味を持ちます。この場合、whether 節内に will は用いません。

(訳例)

「成功しようがしまいが、私は全力を尽くす（つもりだ）」

例文

10 No sooner had **I** got **out of the building** than it began **raining.**

① 「私が建物を出た」のと「雨が降り始めた」の
はどちらが先か。

② when を使って書き換える。

解説

①倒置もあって分かりづらいですが、前半は過去完了、後半は過去形を使っているのがポイントです。過去完了は過去形よりさらに過去を表すわけですから、「私が建物を出た」方が先となります。また、sooner に no がついています。no は「ゼロ」を表す単語です。ここでは「2つの状況の時間差がゼロ」＝「建物を出たその瞬間に雨が降り始めた」という状況を表しています。否定語が文頭に出ると後続の文は疑問文の語順になるというルールから、通常の語順とはことなった形になっています。

②これは構文として、No sooner 過去完了 than 過去形 ＝ Hardly 過去完了 when 過去形という形を覚えましょう。hardlyも否定語で「ほとんど〜ない」を表しますから、後続の文は疑問文の語順となります。下のような形です。

Hardly had I got out of the building when it began raining.

訳例

「私がその建物を出るとすぐに雨が降り始めた」

例文

11 While her sister is good at science, she is not.

① ここでの while の意味は何か。

解説

①もちろん「～する間」では成り立ちません。while は「対比」を表すことがあり、「一方で」や「～だが」と訳すとうまくつながることが多いです。確かにこの例文だと前半は「姉は得意」で後半は「彼女は違う＝不得意」ですから対比になっています。このように、読解の際は while を見たら対比を疑うようにしましょう。

訳例

「彼女の姉は科学が得意だが、彼女はそうではない」

(例文)

12 Tired as he was, he didn't take a taxi.

① ここでも as の意味は何か。

(解説)

①通常 as のような接続詞の直前に形容詞がくることはありま
せん。しかし as は直前に形容詞や副詞がくると「譲歩・逆
接」を表します。この場合、語順も形容詞・副詞 + as + S'
+ V' となり、「〜だけれども」という意味となります。

(訳例)

「疲れていたが、彼はタクシーに乗らなかった（タクシーを
使わなかった）」

例文

13 Though tired, he didn't take a taxi.

① 省略されている語句を補い元の文に戻す。

解説

①もちろん though は接続詞ですから、直後には S' + V' が
あったはずです。しかし、副詞節を導く接続詞の中には直後
の S' + be 動詞を省略できるものがあります。そのパター
ンを覚える必要はありませんが、接続詞の後に S' + V' が
ないときは一文内の主語と適切な be 動詞を補いましょう。
例文の場合は過去形ですから、以下のようになります。

Though he was tired, he didn't take a taxi.

訳例

「疲れていたが、彼はタクシーに乗らなかった」

※12の例文の書き換えになっています。

Chapter 5
関係詞に関する構文

例文

1 **This is** the most beautiful **flower** that **I have ever seen.**

① that を which に置き換えることは可能か。

② I で初めてほぼ同じ意味の英文に書き換える。

解説

① 「私が今まで見た（中で）最も美しい花」と直前の名詞（＝
先行詞）を修飾していますから、この that は関係代名詞で
す。すると which で置き換えることもできそうですが、先
行詞に形容詞の最上級や only 等の強調語句がある際は、一
般的に関係代名詞は that を使います。入試では、この that
は which に置き換えられないと考えておきましょう。

② 結論から書くと I have never seen such a beautiful
flower (as this). となり、「こんなに美しい花は見たことが
ない」という意味です。例文は「今までに」の ever を使っ
ていますが、この書き換えた分では never「今までに〜な
い」を使うのが注意点です。

訳例

「これは私が今までに見た（中で）最も美しい花だ」

（例文）

2 This is what I want.

① what を that で代用することは可能か。

解説

①混同しがちですが、この2つは全くの別物です。関係代名詞 that は先行詞が必要で、直前に名詞がないと使えません。また、接続詞だとすると節内は S・V・O が揃う文になりますから、want の後に名詞がこないといけません。一方で、what = the thing which ですから、what は先行詞を含んでいるので直前に名詞がきません。例文では what の直前に名詞がないので、ここでは what のみ使うことができます。

訳例

「これが私の欲しいものだ」

例文

3 He has three sons, who are teachers.

①「 , 」の有無で文全体の意味は変わるか否か。

解説

①関係代名詞の前にカンマを置く使い方を非制限用法と呼びます。訳の上では直前の名詞を修飾するのではなく、<u>カンマの前で訳を止め、「そして」など適当な接続詞を補って訳す</u>という違いがあります。一方で、表す内容にも下のように違いがあります。

He has three sons who are teachers.
（教師の息子が3人＝<u>教師でない息子がいる可能性もある</u>）

He has three sons, who are teachers.
（息子は<u>3人で確定</u>で、全員が教師）

訳例

「彼は息子が3人いて、彼らは教師だ」

Chapter5

（例文）

4 **This is the house** in which **my aunt lives.**

① in which の in はなぜ必要か。

② in which を一語で書き換えると何になるか。

解説

①例文を元の2つの文に分けてみます。すると、This is the house. と My aunt lives in it. となります。後者の it が which となり、which だけを前に出す場合もありますが、例文では in ＋ which をセットで前に出しています。いずれの場合も、元の文にあった前置詞は消さずに残しておくのがルールです。

②前置詞+関係代名詞＝関係副詞です。関係副詞はwhere、when、why、how の4つがあり、それぞれ場所・時間・理由・方法を表す先行詞を修飾します。例文では house という場所を表す先行詞を使っていますから、where に書き換えることができます。

訳例

「これが私の伯母が住んでいる家だ」

例文

5 Do you know the woman he is dancing with?

① この文で省略されている一語は何か。

② 文末の with はなぜ必要か。

解説

①超重要文法③で見た通り、名詞 + S' + V' なので関係代名詞の省略を疑います。もちろん先行詞はwoman なので「人」を表しますが、形はどうでしょうか。文の後半を元に戻すとHe is dancing with her. です。このherは目的格ですから、関係代名詞に変えても目的格にします。したがって、whomが省略されています。

②すでに①で見た通り、元の文で with her だったので省略せずに with を残します。これは4でも見た考え方ですが、訳に反映されないのでどうしても意識が薄くなる部分です。前置詞が必要か否か分からなくなったら「元の文に戻す」ことで確かめましょう。

訳例

「彼が（一緒に）踊っている女性を知っていますか」

例文

6 I'll give this ticket to whoever wants it.

① whoever の意味は何か。また、判断の根拠は何か。

解説

① whoever や whichever のように関係詞に ever がつくものを複合関係代名詞と呼びます。これには意味が2つあり、「～は誰でも（どれでも）」という<u>名詞扱い</u>をするものと「<u>たとえ誰が（どれが）～でも</u>」という譲歩・逆接を表す副詞節扱いをするものに分かれます。

これは Chapter4 の8と9で見た <u>whether の区別</u>と同じです。今回は to という前置詞の後に置かれているので名詞扱いです。したがって、「～は誰でも」が正解です。

訳例

「私はこのチケットを、欲しい人なら誰にでもあげよう」

(例文)

7 Whoever comes to me, I won't see him or her.

① whoever の意味は何か。また、判断の根拠は何か。

解説

①6とは逆に名詞の位置ではありませんから、副詞節の「たとえ誰が〜でも」という譲歩・逆接を表します。これがパッと出てこなかった場合は、whether の解説と参照しながら何度も判断の操作を繰り返してください。

訳例

「たとえ誰が私のところへ来ようとも、私は会うつもりはない」

(him or herはwhoever を受けています)

(例文)

8 **There are** those who **don't believe in God.**

① those who の意味は何か。

解説

①もちろん thoseは「あれらの」ではありません。関係代名詞 who がついた those who ～は「～な人々」という複数の人を表す名詞句として使います。見慣れないと一瞬読解が止まってしまうかと思いますから、音読して耳と目になじませておきましょう。ちなみに believe in ～は「～の存在を信じる」という意味の熟語です。

訳例

「神（の存在）を信じない人々が（も）いる」

Chapter**6**
比較に関する構文

(例文)

1 The climate of Japan is milder than that of Alaska.

① that は何を指すか。

解説

①見覚えのある形が出てきましたね。超重要文法20の⑪で見
たものとほぼ同じ英文です。ですから、「何で同じ文が出て
きているんだ」と思った人はよく覚えていました。もちろん
この that は the climate を指します。この理屈がピンと
こない場合は超重要文法20の⑪に戻って確認しましょう。

訳例

「日本の気候はアラスカ（の気候）より穏やかだ」

（例文）

2 **My brother has** three times as many books as **I do.**

① as many books as の部分はなぜこの語順なのか。

解説

①何度か触れてきましたが、「分からなくなったら元に戻す」
のが鉄則です。以下の手順を確認してください。

My brother has many books.

（manyは形容詞なので名詞の前）

→ My brother has as many books.

（1つめの as は形容詞・副詞の直前に置く）

→ My brother has as many books <u>as I do</u>.

（2つめの as は元の文の文末に置く）

→ My brother has <u>three times</u> as many books as I do.

（倍数は as の直前）

このように、比較の文は、複雑になっても元の文の語順を崩
しません。四択問題や正誤問題などあらゆる形式で問われま
すから、この手順をよく練習しましょう。

訳例

「私の兄は私の3倍多くの本を持っている」

例文

3 She is not so much a novelist as a
   journalist.

① 「彼女」は小説家とジャーナリストのどちらに
   近いと話者は思っているか。

解説

①まずは直訳をしてみます。すると「彼女はジャーナリストほ
ど小説家ではない」となります。

したがって、小説家である程度よりもジャーナリストである
程度の方が高いということになりますから、話者は「彼女は
どちらかというとジャーナリストだ」と判断していることが
分かります。スムーズな訳に落とし込むと、not so much
A as B「A というよりむしろ B だ」という感じです。

訳例

「彼女は小説家というよりもジャーナリストだ」

例文

4 The higher **we went up,** the colder
the air got.

① 例文と同じ状況を表すように接続詞を使い書
き換える。

解説

① The + 比較級 + S' + V', the + 比較級 + S + V で「〜すればするほど、ますます…」という比例関係を表します。したがって、問いに答えるためには「比例」を表す接続詞を使う必要があります。実は as には「〜するにつれて」という比例を表す意味があるので、この知識を使い以下のように書き換えられます。

As we went up higher, the air got colder.

訳例

「私達が高く登れば登るほど、ますます空気は冷たくなった」

例文

5 The whale is no more a fish than a horse is.

① 話者は「クジラ」が何だと言いたいのか。

解説

①有名な「クジラの構文」ですから、学校の教材等で見たことがあるかもしれません。than の前で区切ると「クジラは魚ではない」という意味になりそうです。ではなぜ馬と比べているかというと、「絶対にあり得ないことと比べて、それと同じくらいあり得ない」と言いたいのです。a horse is の後には not a fish を補いましょう。また、noが「ゼロ」＝「差がない」＝「同じ」を表すというのは、Chapter4 の10で見た通りです。全体の訳は「馬が魚でないというのとクジラが魚でないというのは同じだ」が直訳です。訳例でこなれた日本語にしているように、A is no more 〜 than B is. で「A は B と同じように〜でない」で覚えるとよいでしょう。

訳例

「クジラは馬と同じように魚ではない」

例文

6 It is no more than **500 meters to the village.**

① 話者は500メートルが「長い」と思っているか「短い」と思っているか。

② no more thanを一語で書き換えると何になるか。

解説

① もちろん否定語がありますから「500メートル以上もない」＝「短い」と思っています。しかし否定語に not ではなく no を使っています。何度か見てきたように no は「ゼロ・差がない」ことを表しますから、500メートルと差がない＝500メートル以上でも以下でもなくちょうど500メートルを表します。したがって no more than 〜 「〜だけ・たった〜」と理解しましょう。

② 「〜だけ」という訳から分かる通り、only で書き換えることができます。ちなみに no less than はno more than の逆ですから、「〜ほども多くの・〜も」という意味です。

訳例

「その村までは500メートルしかない」

例文 ───────────────────────

7 It is not more than **500 meters to the village.**

① no more than と not more than の違いは何か。

② not more than を2語で書き換えると何になるか。

解説

①6と異なり否定語が not になりました。no と違いnot は
単に more than を否定します。

つまり、「500メートル以上ではない」＝「長くても500メー
トル」です。この理屈で not more than ～「多くとも・せ
いぜい～」と覚えましょう。at most で書き換えられます。

②at most（最大限でも＝多くとも）という熟語で書き換えら
れます。知らなかった場合は、これを機にぜひ覚えましょう。
ちなみに not less than ～は「～より少なくない」＝「少
なくとも～」となり、at least と書き換えることができます。

訳例

「その村まではせいぜい（長くとも）500メートルだ」

Chapter7
否定に関する構文

（例文）

1 I don't like both coffee and tea.

① 「私はコーヒーと紅茶のどちらも好きではない」
は正しいか。

解説

①both A and B は「A と B の両方」という意味ですから、「両方が好きでない」＝「どちらも好きでない」と考えがちですが、これは誤りです。not は基本的に not よりも右の内容を否定します。したがって、「両方が好き」ということを否定しますから、「両方が好きというわけではない」＝「どちらも好きというわけではない」という意味になります。

訳例

「私はコーヒーと紅茶のどちらも好きというわけではない」

例文

2 I don't like either coffee or tea.

① 「私はコーヒーと紅茶のどちらかが好きではない」
は正しいか。

解説

①1と同様に、この訳も誤りです。もちろん either A or B は
「 A と B のどちらか一方」という意味ですが、言葉を換え
ると「 A と B の少なくともどちらか一方」となります。と
いうことは「少なくともどちらか一方は好き」の否定は「ど
ちらも好きではない」という意味です。もう一つの考え方は
not + either = neither です。neither A nor B は「 A と
B のどちらも〜ない」という全否定です。ここで not either
= neither ですから、意味も同じとなります。

訳例

「私はコーヒーも紅茶もどちらも好きではない」

例文

3 He never comes to me without
bringing me a present.

① 否定語を使わずに訳す。

解説

①書いてあるままに訳すと「彼は私にプレゼントを持ってくることなしに私のところに来ない」です。このままでも意味は通じますが、一文が長くなってくると訳しながら混乱してしまうこともあります。否定が2つ使われている二重否定は「否定の否定 = 肯定」と捉えましょう。この場合は「持ってこないことは決してない」=「必ず持ってくる」と変換します。

訳例

「彼は私のところに来るときは必ずプレゼントを持ってくる」

（直訳は解説の冒頭の通りです）

例文

4 He is the last person that I want to meet.

① 「会いたい最後の人」とはどういうことか。

解説

①これは「会いたい人リスト」のようなものを想像してくださ
い。そのリストのトップに来る人は最も会いたい人であり、
リストの最後に来るということはその逆ですから、「最も会
いたくない人」ということになります。この that も先行詞
に last という強調語句があるので、whom に変えることは
できません。

訳例

「彼は私が最も会いたくない人だ」

例文

5 You cannot be too careful when you
walk across the street.

① 筆者は「注意しなさい」「注意できない」のど
ちらを言いたいのか。

第2章 ◆ 超重要構文100

解説

①まずは when の直前までを直訳します。すると、「注意しすぎであることはできない」という日本語になります。これを熟語として言葉を換えると「いくら注意してもし過ぎることはない」＝「十分に注意すべきである」という主張が見えてきます。したがって、話者は「注意しなさい」という意見に近いのです。cannot too ～ は「いくら～してもしすぎることはない」という訳で覚えましょう。

訳例

「道を渡る時はいくら注意してもし過ぎることはない」

169

(例文)

6 It couldn't be better.

① 筆者は「良い」「悪い」のどちらを言いたいのか。

解説

①本来 better の後には than 〜という比較対象があるはずで
すが省略されています。この比較対象にあたるのは基本的に
「目の前の状況」ですから、直訳すると「目の前の状況より
もさらに良いことはない」＝「今の状況がそれぐらい良い」
と表しています。

訳例

「最高だ」

例文

7 No matter how **hard he tries, he won't succeed.**

① no matter howを一語で言い換える。

解説

①no matter + 疑問詞は「たとえ〜であっても」という譲歩・逆接を表します。例文では how を使っていますが、how の後には形容詞か副詞が置かれてワンセットです。そして、この形を一語で置き換えると Chapter5 の7で見た複合関係詞になります。したがって、no matter how ＝ however と置き換えるのが正解です。以下の文のようになります。

However hard he tries, he won't succeed.

訳例

「彼がどれだけ一生懸命に挑戦しても、彼は成功しないだろう」

例文

8 Didn't you go to school yesterday?
　— Yes, I did.

① 「私」は学校に行ったか否か。

(解説)

①Didn't や Can't 等の否定語を含む形で始まる否定疑問文に
対する答え方は要注意です。日本語で考えると「行かなかっ
たの？」に対して「はい」と言えば「行っていない」こと
を表しますが、英語は異なります。前提として英語では <u>Yes
の後は肯定文、No の後は否定文</u>がきます。例文の I did の
did は went の代わりで肯定文ですから、私は「行った」
ことになり、Yes を日本語に訳すと「いいえ」となります。
逆に No で答える場合、省略を補うと No, I didn't go で
すから「行かなかった」となり、否定文だから No をつけ
るわけです。そして No を日本語に訳すと「はい」となる
わけです。

(訳例)

「昨日は学校へ行かなかったんですか？― いいえ、行きました」

例文

9 **There was** no **one in the classroom,**
was there?

① 付加疑問文が wasn't でないのはなぜか。

解説

①付加疑問では、メインの V に対して「肯定・否定が逆になる」というルールがあります。一見 There was なので肯定文のように見えるかもしれませんが、一文内に no という否定語があります。このように、<u>否定語があれば否定文とみなします</u>から、付加疑問には not をつけないのです。

訳例

「教室には誰もいなかったんですよね？」

倒置・語順に関する構文

(例文)

1 There lived an old man **in the village.**

① 文全体の主語は何か。

解説

①超重要文法20の②と似たような構造が見えるでしょうか。
there は名詞ではないので主語ではありません。文中で最初
に出てきた名詞は an old man ですから、これが主語です。
文頭の There は There is ～構文と同じく訳しません。文
全体の導入のような役割をしています。

訳例

「その村にある老人が住んでいた」

（例文）

2 Never did I dream **of being a teacher.**

① Never を元の位置に戻して通常の語順にする。

解説

① Chapter4 の10で学んだように、否定語が文頭になると後続の文が疑問文の語順になります。これを元に戻すわけですから、当然 S ＋ V の語順にします。一旦 never を抜いて考えると、I dreamed of being a teacher. となります。否定語は直後の語句を否定しますから、「夢にも思わなかった」なので dreamed の直前に置きます。すると、I never dreamed of being a teacher. となります。

訳例

「教師になるとは夢にも思わなかった」

例文

3 He is good at playing tennis.
— So am I.

① So am I を、so を使わずに元の文に戻す。

解説

①応答文の So は前文の内容である good at playing tennis を表します。したがって、元は I am good at playing tennis. という文でした。しかし、英語は同じ内容の重複を嫌う言語です。そこで good 以下の内容を so の1語で表します。さらに、英語では一度前文で出てきた内容を表す際は重複内容を文の前半に置く傾向があります。その結果、so が文頭に出て倒置が発生します。例文では be 動詞ですが、これが一般動詞なら do や did を動詞の代わりに用います。

（例：He plays tennis well. ― So do I.）

訳例

「彼はテニスをするのが上手です。― 私もです」

---

4 He is not good at playing tennis.
— Neither am I.

① Neither am I を、neither を使わずに元の文
に戻す。

解説

①3と同様の考え方ですが、1文目が否定文ですから2文目も否定文にします。すると、I am not good at playing tennis. となります。また、3とは異なり so を使っていません。これは元の文が否定文で、「私も〜ない」＝「彼も私も〜ない」だから neither を使うと考えましょう。この場合、neither は nor に置き換えることもできます。

訳例

「彼はテニスをするのが上手ではありません。― 私もです」

5 What **an interesting story this is!**

① what を very に戻し、元の文に戻す。

② ①を参考にして、文頭が how ではなく what になる理由を示す。

解説

①感嘆文も元の文に戻して考えます。まずは元の文を示します。

This is a very interesting story.

→ This is [a <u>what</u> interesting story].

（ very を what に変える）

→ [<u>What</u> <u>an</u> interesting story] this is!

（[　] 全体を前に出し what を文頭に出す）

このような操作が行われています。

②how ではなく what を使う理由は、もともと very を含む [　] のカタマリが名詞句（＝意味の中心が名詞であるカタマリ）だからです。カタマリの中心が名詞でない場合は how を使います。

訳例

「これは何て面白い話なんだ！」

（**例文**）──────────────────

6 How interesting this story is!

① how を very に戻し、元の文に戻す。

② ①を参考にして、文頭が what ではなく how
になる理由を示す。

解説

①5と同様に、元の文から感嘆文にする手順を確認します。

This story is very interesting.

→ This story is [how interesting].

（very を how に変える）

→ [How interesting] this story is!

（[ ] 全体を前に出す）

このような操作が行われています。

②すでに5で示しましたが、元の文の very を含む [ ] の
カタマリが名詞句でないので、how を使います。

訳例

「この話は何て面白いんだ！」

7 The driver, it seemed, was drunk at that time.

① it seemed を元の位置に戻す。

解説

①例文のようにカンマとカンマで挟まれている語句を「挿入句」
と呼びます。これは一旦（　）でくくり、その構造を探りま
しょう。すると、
The driver (, it seemed,) was drunk at that time. と
なり、挿入句以外を訳すと「その運転手はその時酔っていた」
となります（あってはいけないことですね）。ここで it seemed
は It seems that ～「～のようだ・～のように思われる」
で使う形です。つまり、元は It seemed (that) the driver
was drunk at that time. という形だったのです。I think
や He said など that 節を伴う語句がこの形になることが
多いです。

訳例

「その時その運転手は酔っているように思われた」

it に関する構文

例文

1 It is **necessary** for **children** to **study hard.**

① It は何を指すか。

② 文全体の主語は何か。

解説

①超重要ポイント20の⑯で学習したように、It を見たら to 〜か that 〜を疑うことを練習する Chapter です。この It は to study hard の代わりの形式主語なので訳しません。

②①より、本来は主語の位置に to study hard が来るはずですから、文全体の主語は to study hard となります。ちなみに、for children が意味上の主語であることも確認しましょう。

訳例

「子どもたちにとって一生懸命勉強することが必要だ」

例文

2 It was **careless** of you to **forget** to
write your name.

① 1と異なり for ではなく of になっているのは
なぜか。

解説

①一見1と同じ構造に見えますが、実情はやや異なります。1
では It = to 不定詞でしたが、この例文では to forget to
write your name は「名前を書き忘れるなんて」という意
味で、careless を修飾しています（副詞的用法の判断の根
拠と言います）。この構文の場合、be 動詞の直後の形容詞が
人物の性格・性質を表す場合、伴う前置詞は for ではなく
of になります。careless 以外には kind・wise・foolish・
stupid 等が代表的です。

訳例

「名前を書き忘れるなんて、あなたは不注意だった」

例文

3 He found it difficult to do the work in a day.

① it は何を指すか。

② found はどんな意味か。

解説

①もちろん it は to 以下のカタマリを指します。すると、元は以下の文だということです。

<u>He</u> <u>found</u> <u>to do the work in a day</u> <u>difficult</u>.
　S　　V　　　　　　O　　　　　　　　C

これだと O が長すぎるので、it で置き換えて to 不定詞を文末に置いたのです。

②このように SVOC の形をとるとき、find の意味は「見つける」ではなく「分かる・思う」となります。find + O + C「O が C だと分かる・思う」は頻出ですから必ず覚えましょう。

訳例

「彼はその仕事を1日で終えるのが難しいと思った」

例文

4 It took me half an hour to **write this letter.**

① It は何を指すか。

② took はどんな意味か。

解説

①そろそろ慣れてきたと思いますが、この It も to write this letter を指します。

②take ＋人＋時間で「人に時間をかけさせる」です。ですから、直訳すると「この手紙を書くことは私に30分をかけさせた」となります。もちろんこれでは日本語として不自然ですから、表現を変える必要があります。つまり、It takes ＋人＋時間＋ to ～で「人が～するのに時間がかかる」と訳すとスムーズです。

訳例

「私がこの手紙を書くのに30分かかった」

(例文)

5 It cost me 3,000 yen to **buy this T-shirt.**

① It は何を指すか。

② cost はどんな意味か。

解説

① It が to ～を指す構文の最後です。もう目が無意識に to ～を探していたのではないでしょうか。It はもちろん to by this T-shirt を指しています。

② cost は「費用」という名詞もありますが、この場合 cost ＋人＋費用で「人に費用をかけさせる」です。つまり、「Tシャツを買うことが私に3,000円をかけさせた」となります。4の例文と同様に表現を変えると、It costs ＋人＋費用＋ to ～で「人が to ～するのに費用がかかる」と訳しましょう。

訳例

「私がこのTシャツを買うのに3,000円かかった」

例文

6 It is strange that he is not here.

① It は何を指すか。

② 文全体の主語は何か。

解説

①ここからは It と that 節を用いた構文を学んでいきます。文頭の It ですから that 以下を疑います。後述しますが、この場合 It = that he is not here です。

②接続詞の that 節は名詞節として使えますから、主語の位置に来て問題ありません。したがって、that 節を It の位置に戻すと That he is not here is strange. となります。これだと主語が長くなるので、It を主語の位置に置き that 節を文末に置いたのです。

訳例

「彼がここにいないのは奇妙だ」

例文

7 It is **natural** that **we** should **study**.

① It は何を指すか。

② should があるのはなぜか。

解説

①文の構造自体は6の例文と同じですから、It はもちろん that 節を指します。

②6の例文と異なるのは should の有無です。これは It is 形容詞 that の形をとる際の形容詞の性質によって決まります。形容詞が「要求・必要」などを表す語の場合、that 節の V' は（ should ＋）V 原となります。代表的な形容詞は important・necessary・essential などがあります。

訳例

「私達が勉強するのは当然だ」

例文

8 It is the dog that he found in the park.

① この文は○○構文である。

② that は何に置き換えられるか。

解説

① 6や7と構造が異なるのが見えるでしょうか。本来 find は他動詞ですから直後に名詞がくるはずですが、例文には found の後に名詞がありません。このように、It is ～ that の形であっても that 節内にあるべき要素が欠けている場合、「強調構文」だと判断できます。この構文は It is A that B で「B なのは A だ」と A を強調します。

② では、元の文に戻してから文操作を行います。

He found the dog in the park.（元の文）

→ It is <u>the dog</u> that he found in the park.

このように、強調する語句を It is ～ that ではさみ、残りはそのまま that 以下につなげます。ここで、「2つの文を1つにつなぐ」「that 節内に名詞が欠けている」ことから、この that は関係代名詞だと分かります。したがって、dog は人ではありませんから、この that は which に置き換えられると分かります。

訳例

「彼が公園で見つけたのがその犬だ」

例文

9 It is not until when he became
eighteen years old that he found his
dream.

① until のカタマリと that のカタマリ [   ] を
でくくる。

② どちらのカタマリの内容が、より過去に起こっ
たか。

解説

①一文が長いので、接続詞のカタマリを [ ] でくくってみます。

It is not [until when he became eighteen years old] [that he found his dream].

すると、not がついていますが、8で学習した It is A that B が見えてきます。これに当てはめると、直訳は「彼が自分の夢を見つけたのは18歳になる時までではなかった」となります。

②しかし、この訳は分かりにくいですね。言葉を換えると「18歳になるまでは自分の夢を見つけなかった」わけですから、「18歳になってから自分の夢を見つけた」とも言えます。つまり、「18歳になった」方が、より過去に起こったと考えられます。It is not until A that B で「 A になって初めて B だ」と覚えましょう。

訳例

「彼は18歳になって初めて自分の夢を見つけた」

例文

10 Don't take it for granted that you can live peacefully.

① it は何を指すか

(解説)

①to 不定詞と同様に、it が that 以下を指すのは主語のとき
　だけとは限りません。目的語の位置の it も that 節を指すこ
　とができます。この例文では、take A for granted「A を
　当然のことと思う」を使っています。本来は that 節が A の
　位置に入るはずが、目的語が長くなるので文末に置いたとい
　うことです。

(訳例)

「（あなたが）平和に生きられることを当然のことと思っては
　いけない」

11 It will not be long before **he** comes
home.

① comes が現在形になるのはなぜか。

解説

①一文内に to ～や that ～がありません。また、long とい
う「時間の長さ」を示す語がありますから、この It は「時」
を表すものです（It is five o'clock の It に近いです）。直
訳すると「彼が帰宅するまで長くはない」＝「まもなく帰る
だろう」という意味になっています。彼が帰宅するのは未来
の話ですが、before は「時」を表し、not long という名
詞以外を修飾します。そうです。「時・条件を表す副詞節」
の中なので、現在形を用いるのです。

訳例

「彼はまもなく帰宅するだろう」

仮定法に関する構文

例文

1 If it were not for **water, no animals could survive.**

① この文は現在・過去・大過去のいつの話か。

② If it were not for を2通りに書き換える。

解説

① If 節内の動詞が過去形で、主節も could という助動詞の過去形を使っていますから、この文は仮定法過去です。これは「過去形を使った仮定法」という意味であって、内容は過去ではありません。仮定法では普通の文（直説法）から時制が1つ過去にズレます。したがって、仮定法過去は「現在」を表します。「水がなかったら」という訳でも問題ありませんが、その場合「過去ではない」と強く意識しましょう。

② If it were not for ～「もし～がなければ」は、But for ～ = Without ～の2通りで書き換えられます。

訳例

「もし水がなければ、動物は全く生き残れないだろう」

例文

2 If it had not been for **water, I couldn't have survived.**

① この文は現在・過去・大過去のいつの話か。

解説

① 1で見たように、仮定法は直説法から時制が1つ過去にズレます。したがって、例文では過去完了と助動詞＋ have ＋ Vp.p. を使っていますから、内容は「過去」を表しています。これを家庭帆過去完了と言います。現在の自分から見て「あのとき○○だったら…」と振り返っているわけです。

訳例

「もし（あのとき）水がなかったら、私は生き延びれなかっただろう」

例文

3 Had I known the fact, I could have told it to her.

① この文に省略されている語を補い、元の文に戻す。

解説

①過去完了と助動詞＋ have ＋ Vp.p. を使っているところから、仮定法過去完了と判断します。仮定法では If を省略することができますが、その場合は倒置が起こります。これを戻すと、If I had known the fact, I could have told it to her. となるのです。

訳例

「私がその事実を知っていたら、彼女に伝えることができたのに」

Chapter 10

例文

4 He looks pale as if he saw a ghost.

① 「彼」は実際に幽霊を見たか。

解説

① 「彼の顔色が悪い」のは現在形なので事実ですが、as if 〜は「まるで〜のように」という意味ですから、実際に起こったことを表していません。動詞の形も過去形ですから、この saw は仮定法過去であると判断します。

訳例

「彼はまるで幽霊を見ている（見た）かのように顔色が悪い」

例文

5 It is time you went **to bed.**

① go はなぜ過去形になっているか。

解説

① It is time + S' + V' 過去で「S' が V' する時間だ」ですから、例文は「もう寝る時間だよ」と言っています。しかし「今」寝る時間なのに過去形を使うのはおかしい感じがします。しかし、これも実は仮定法です。仮定法は「現実の反対」を表します。つまり、「あなたはまだ寝ていないが本来は寝る時間だ」と言いたいのです。

訳例

「もう寝る時間ですよ」

(例文)

6 If they were to come here tomorrow, he would be shocked.

① この文はいつの話をしているか。

解説

① were to 〜は「仮に〜するとしたら」という未来の仮定を表します。だから tomorrow という語句を伴えるのです。また、似たような表現で should「万一〜ならば」という使い方もあります。

訳例

「もし明日彼（女）らが明日ここに来るとしたら、彼はショックを受けるだろう」

区別すべき構文

(例文)────────────────────────────

1 He used to live in the country.

① used to の品詞は何扱いか。

解説

① used to は過去の習慣を表し、「（よく）〜した（ものだ）」
と訳します。注目すべきは直後が動詞の原形になっているこ
とです。述語動詞の位置にあり動詞の原形を伴うわけですか
ら、used to は助動詞として扱っています。

訳例

「彼は（かつて）その国に住んでいた」

2 He is used to **living** in the country.

① to の後が Ving なのはなぜか。

解説

① 1と異なるのは be used to Ving というように be 動詞がつき、to の直後が Ving になっている点です。これは to が前置詞なので、直後を名詞にあたる形にする必要があるためです。be used to Ving は「〜することに慣れている」という意味ですから、used to と意味合いが全く異なります。形に留意して覚えましょう。

訳例

「彼はその国で生活するのに慣れている」

例文

3 He got up so early that he could catch the train.

① so ~ that はどういう意味か。

解説

①これは超重要文法20の⑬と同じ形ですから、もちろん「と
ても〜なので…」という意味です。ちなみに長文読解では、
that が省略される場合があります。つながりが見えづらく
なったら、that を補ってみると構造が見えやすくなります。

訳例

「彼はとても早く起きたので、電車に間に合うことができた」

（例文）

4 He got up early so that he could catch the train.

① so that はどういう意味か。

解説

①3と異なり、so と that の間に形容詞・副詞がありません。
このように、文中で so that が何も挟まずセットで使われ
ているときは「目的」を表します。ですので、「〜するため
に・〜するように」と訳しましょう。so that に続く内容
が目的を表しています。

訳例

「彼は電車に間に合うように早く起きた」

5 You may well be angry at such bad words.

① may well はどういう意味か。

解説

① may well + V原は「V原するのももっともだ」という意味です。may は「〜かもしれない」ではなく「〜してもよい」です。また、well は「上手に」ではなく「道理にかなっている」というニュアンスで使われています。合わせると、「あなたが怒るのは道理にかなっているし、怒っても良い」という話者の気持ちを表します。

訳例

「そんなにひどい言葉に怒るのも当然だ」

例文

6 I may as well **die** as **do such a thing.**

① may（might）as well ~ as はどういう意味か。

解説

① 5と異なり、as が使われています。もともと may（might）as well だけで「～してもよい」「～しても同じだ」という意味があります（本来は might の方が頻度は高いです）。そして比較対象として2つめの as を用います。すると例文だと、「そんなことをするのと比べたら死ぬのも同然だ」つまり、「そんなことをするなら死ぬのも同然」だとなります。要するに話者は「そんなことはしたくない」と言いたいわけですから、「そんなことをするなら死んだ方がマシだ」というニュアンスが出てきます。

訳例

「私はそんなことをするぐらいなら死んだ方がマシだ」

7 I will remember your words as long as I live.

① as long as はどういう意味か。

解説

① as long as S' V' は「 S' が V' する限り」という「条件」を表します。「私が生きている条件なら覚えている」とは、つまり「私が生きていれば・生きている限り」ということです。ここでも「条件」を表す副詞節ですから、I live の部分は現在形を使っています。

訳例

「私が生きている限り、あなたの言葉は覚えている (忘れない)」

例文

8 He is a kind person as far as I know.

① as far as と as long as の違いは何か。

解説

① as long as が「条件」を表すのに対し、as far as は「範囲」
を表します。「私が知る範囲では彼は親切な人間だ」とは、
つまり「私が知る限り彼は親切な人間だ」ということです。
「〜する限り」という訳は as long as と同じになりますか
ら、どちらを使うかは「条件か範囲か」ということを意識
する必要があります。

訳例

「私が知る限り、彼は親切な人だ」

Chapter 11

例文

9 He doesn't like all her books.

① not は何を否定するか。

解説

①not は基本的に直後の語句を否定します。この場合、like all her books を否定していますから、「彼女の本の全てが好き、ではない」＝「彼女の本の全てが好きというわけではない」という意味になります。このように、not ＋全体表現（ all, every 等）は「部分否定」と呼ばれ、「全て〜というわけではない」と訳すのが通例です。

訳例

「彼は彼女の本が全て好きというわけではない」

Chapter 11

（例文）

10 He doesn't like her books at all.

① not ~ at all はどういう意味か。

解説

①9とは異なり、at が入り all の位置がズレました。これは not 〜 at all という形で「全く〜ない」という意味になります。9は「部分否定」でしたがこれは「全否定」です。つまり「彼女の本は全く好きではない」という意味になります。at の有無で全く意味が異なりますから注意しましょう。

訳例

「彼は彼女の本が全く好きではない」

Chapter 11

(例文)

11 **She is** nothing but **a student.**

① 話者は彼女に対して肯定的か否定的か。

解説

①例文の but は「〜以外」という意味の前置詞です。という
　ことは直訳すると「彼女は学生以外の何物でもない」＝「学
　生にすぎない」と、話者は彼女を否定的に捉えているのです。
　もちろん nothing but 〜 「〜に過ぎない・〜だけ」と覚え
　てもよいのですが、まず直訳をすることで迷わず意味を確定
　することが大事です。

訳例

「彼女は（ただの）学生にすぎない」

例文

12 She is anything but a genius.

① 話者は彼女を「天才」と思っているか否か。

解説

①これもまずは直訳をします。anything は「何でも」です。
これに but「～以外」を組み合わせると、「彼女は天才以外
何でもある」となります。よく分かりませんから言葉を変え
ると、「彼女は天才以外ならどんな人でもある可能性がある」。
つまり、「努力の人」とか「凡才」とか他の可能性はあった
としても、「天才」の可能性だけはない、と言いたいのです。
したがって、話者は「天才」と思っていないということが分か
ります。anything but ～「少しも～ではない」を nothing
but ～と区別しておきましょう。

訳例

「彼女は決して天才ではない」

◆著者略歴

中尾 憲吾（なかお けんご）

早稲田大学在学中より、勉強の苦手な生徒に対する補習指導から塾
講師を始める。進学塾や予備校での講師、家庭教師等の指導歴は20
年。私大・国公立大問わず多くの生徒を希望の進路に送り出してい
る。受験英語専門ゼミRe-write代表。

入試総合研究所

全国の塾・予備校講師が集まり、あらゆる入試問題の研究に取り組
む。その分析を活かし、受験生の「点数を取る能力」や「しなやか
な思考力」を養う参考書を企画し、世に送り出している。

 新版 合格英文120

2022年5月2日　初版第1刷発行

著　者	中尾　憲吾
編　者	入試総合研究所
発行者	池田　雅行
発行所	株式会社 ごま書房新社
	〒102-0072
	東京都千代田区飯田橋3-4-6
	新都心ビル4階
	TEL 03-6910-0481（代）
	FAX 03-6910-0482
カバーデザイン	（株）オセロ 大谷 治之
DTP	海谷 千加子
印刷・製本	精文堂印刷株式会社

© Kengo Nakao, 2022, Printed in Japan
ISBN978-4-341-01936-5 C0282

ごま書房新社のホームページ
http://www.gomashobo.com
※または、「ごま書房新社」で検索

ごま書房新社の本

東大入試でも、これだけで十分合格
絶対得する情報＝100字解説

新装版改訂5版
合格英単語600
受験情報研究会

「単語の暗記＝英語の勉強＝おもしろくない」という誤解は
いまだに根強いようだが、この本でそうした誤解から解放されて、
どんどん英語の実力を伸ばしていってほしい。

定価1210円（税込）　新書判　220頁　ISBN978-4-341-01934-1　C0282

ごま書房新社の本

点をとるポイントがわかる
120字解説

改訂版
合格英熟語300
受験情報研究会

点になる熟語だけを覚えることが、合格への一番の近道。
本書では、英熟語攻略に必要な300熟語を厳選。効率の
いい覚え方、試験で何が問われるかなど、"点をとるポイント
がわかる"100字解説と"問題を解くセンス"が身につく演
習例文をつけた。

定価1210円(税込) 新書判 216頁 ISBN978-4-341-01935-8 C0282